EXPOSÉ SOMMAIRE

DE L'ŒUVRE

DES SOURDS-MUETS

ET

PROJET DE FONDATION

D'UN ASILE RÉGIONAL DE SOURDES-MUETTES

A TOULOUSE

TOULOUSE

IMPRIMERIE ÉDOUARD PRIVAT, RUE TRIPIÈRE, 9

—

1876

EXPOSÉ SOMMAIRE

DE L'ŒUVRE

DES SOURDS-MUETS

ET

PROJET DE FONDATION

D'UN ASILE RÉGIONAL DE SOURDES-MUETTES

A TOULOUSE

TOULOUSE

IMPRIMERIE ÉDOUARD PRIVAT, RUE TRIPIÈRE, 9

1876

EXPOSÉ SOMMAIRE

DE L'ŒUVRE

DES SOURDS-MUETS

ET

PROJET DE FONDATION

D'UN ASILE RÉGIONAL DE SOURDES-MUETTES

A TOULOUSE

Les œuvres de bienfaisance, comme la Religion qui les inspire, n'ont devant elles, à leur origine, qu'*une voie douloureuse*. Le sacrifice, l'indifférence, souvent la contradiction, les y attendent, mais elles marchent, stimulées par les obstacles, et bientôt la reconnaissance des malheureux qu'elles soulagent assure leur présent et prépare leur avenir.

Telle est l'histoire des Instituts de Sourds-Muets. A une époque moins éloignée de nous par le cours du temps que par les progrès des sciences, un prêtre trouva dans la bonté de son cœur, plus encore que dans son talent, l'art de communiquer avec les déshérités de l'ouïe et de la parole. Dans leurs signes informes, sa belle intelligence entrevit les richesses d'une langue nouvelle; sa foi éclairant sa raison, lui démontra que les Sourds-Muets, solitaires dans la société, isolés au milieu de leur famille, étrangers dans leur patrie, devaient être rétablis dans leurs droits; enfin, les plus heureuses expériences ne tardèrent pas à le convaincre que ces *automates vivants, ces statues ambulantes* (1), n'avaient besoin que d'être admis au bienfait de l'éducation pour secouer leur torpeur, briser les entraves de leur pensée, transmettre leurs idées, en élargir le cercle, en un mot, devenir des hommes nouveaux.

Les éloges n'ont pas manqué à cet apôtre-instituteur qu'on nomme l'abbé de l'Épée. Nous dirons ici que son mérite est supérieur à toute louange, et que sa modestie n'en rechercha jamais aucune. Sa charité fut son génie, sa gloire le reflet de sa vie, douce, pacifique et pure comme son âme. Son nom est de ceux que les lèvres du peuple apprennent plus vite et retiennent le mieux. Son souvenir attendrit, repose la pensée, rend la vertu plus facile; son image électrise les Sourds-Muets. A la vue des traits vénérés de leur père, ils sentent leur langue se délier pour lui redire tout leur amour, et à défaut de parole, leurs yeux mouillés de larmes lui expriment leur reconnaissance : culte simple mais touchant d'une trop nombreuse famille d'infortunés qui préservera de l'oubli une mémoire digne de vénération; car si la renommée se lasse parfois de servir les grands hommes qui ont fait le

____

(1) Condillac.

plus de bruit, elle reste fidèle à ceux qui font le plus de bien.

L'œuvre de l'abbé de l'Épée fut avant tout une inspiration évangélique. C'est le désir d'initier les Sourds-Muets aux mystères de notre sainte Religion qui le rapprocha de ses premiers élèves et lui fit ouvrir, à ses frais, un asile pour les abriter. Cet enseignement a généralement conservé depuis son caractère sacerdotal. La route était ouverte, et déjà d'illustres disciples, sortis des mêmes rangs, s'y étaient élancés, perfectionnant la méthode du maître et popularisant ses procédés. Le nom de M. l'abbé Sicard est bientôt célèbre. Tout Paris se précipite aux séances publiques où l'ardent propagateur expose sa méthode et fait jaillir la vérité de ses doctes et lumineuses démonstrations. Mgr de Cicé, archevêque de Bordeaux, séduit par son talent, lui confie son institut diocésain de Sourds-Muets. Après lui, le généreux abbé Jamet découvre, à son tour, *un monde d'idées*, défend contre les plus injustes attaques les théories de son prédécesseur, et fonde à Caen un établissement riche d'avenir : il compte aujourd'hui cent trente élèves et étend son influence doctrinale et religieuse en Angleterre, en Allemagne et en Amérique. A Soissons, en 1840, M. l'abbé Dupont étonne ses compatriotes par les audaces de son zèle. Un jour, sept sourds-muets franchissent le seuil de son presbytère; ils en sortent pour entrer dans l'ancienne abbaye de Saint-Médard, domaine acquis à la nouvelle école par les libéralités de Mgr de Simony; ils se comptent, ils sont plus de cinquante. Cette même année est signalée par l'apparition de plusieurs autres institutions importantes. Pouvons-nous ne pas nommer celle de Poitiers qui, enrichie des dons de M. le chanoine de Larnay, se développe dans le gracieux manoir qui porte son nom? Celle d'Orléans, longtemps dirigée par M. l'abbé Laveau, si connu par ses utiles publications? Celle d'Auray, devenue la pépinière des institutrices de Sourdes-Muettes? Dans les campagnes, comme dans les centres les plus populeux, l'apostolat catholique suscite des dévouements, ouvre à ces chers déshérités des écoles et des asiles-ouvroirs, organise des comités de patronage, en un mot, enrôle sous la bannière de la charité des familles du plus haut rang qui ont chacune leur petit protégé, et rivalisent de zèle et de compassion dans cette croisade contre le malheur.

L'histoire des divers établissements de Sourds-Muets en France et dans tous les États de l'Europe, demanderait un long volume. Nous n'avons voulu établir, en passant, que la vérité de ce fait : la tendresse du prêtre pour ces infortunés. Les annales de la bienfaisance toulousaine en fournissent bien la preuve. N'est-ce pas à l'initiative du sacerdoce, aux efforts si persévérants de M. l'abbé Chazottes que notre cité est redevable d'une école qui, selon le témoignage des spécialistes, s'est placée au premier rang par la perfection de sa méthode et l'excellence de ses résultats? Parler avec éloge d'un institut créé par M. l'abbé Chazottes, accepté et secouru par Mgr Mioland, religieusement organisé par M. l'abbé Catala, ne serait qu'une dette de justice; mais un sentiment de délicatesse arrête ici notre plume..... Nous préférons citer M. Cuvier, inspecteur général de l'Université, qui, dans un rapport adressé au ministère, signalait notre École comme « un établissement modèle où tous les instituteurs de Sourds-Muets devraient venir prendre des leçons. »

M. l'abbé Chazottes savait par expérience que la plus haute capacité ne peut remplacer dans un chef d'école la charité sacerdotale. Ministre du *Verbe qui éclaire tout homme venant en ce monde,* il exprima, avant de mourir, le désir que sa maison fût dirigée par un prêtre. La Providence lui en a ménagé deux qui, unis étroitement par le dévouement à la même cause, et consciencieusement secondés par les Frères de Saint-Gabriel et les filles de la Sagesse, veillent sur ce précieux dépôt et s'ingénient tous les jours à le faire fructifier. Les résultats obtenus au double point de vue de l'instruction et de l'articulation, nous pourrions presque dire de la *démutisation,* ne cessent d'attirer sur notre œuvre l'attention sérieuse et la vive sympathie des autorités civiles et ecclésiastiques de toute la région. De nouvelles bourses départementales et municipales ont été obtenues, des protecteurs inattendus se sont offerts, et les feuilles périodiques publiaient naguère le bel exemple de M. Beaumont qui vient de léguer à notre institut une somme de 10,000 fr.

Il semblerait, après ces déclarations, que l'existence de l'École, avec son système d'études, son personnel enseignant, ses moyens d'action, soit parfaitement garantie, que même la question de son avenir soit un problème à peu près résolu. En effet, nous croyons trop à la générosité de nos protecteurs pour avoir à ce sujet de vives appréhensions, mais ayons le courage de leur dire toute la vérité.

Une école de Sourds-Muets n'est pas le dernier mot de l'œuvre. C'est assurément une belle mission que celle d'affranchir la pensée et de la diriger vers Dieu, de transformer un petit sauvage en être sociable : c'est là un résultat qui nous console, mais ne comble pas tous nos désirs. Une demi-mission accomplie ne nous satisfait pas. C'est un bienfait *à vie* que nous voudrions accorder à nos chers deshérités. Nos lecteurs nous ont déjà devinés : ce bienfait *à vie*, c'est l'*asile* du sourd-muet.

Expliquons-nous :

Après une période scolaire de sept ans, nos boursiers font place à d'autres. Ils rentrent dans leur maison, dans leur chaumière ! S'ils n'y retrouvaient que le pain noir !... Mais, chose plus triste, c'est l'isolement. Les parents ont vieilli, bientôt ils ne sont plus. Que devient le pauvre sourd-muet? Son instruction est bornée, sa surdité non guérie. Ses signes, riches et expressifs, ne sont pas facilement compris ; les camarades de travail le délaissent, les chefs d'atelier l'éconduisent. Attristé et découragé, il se met à voyager et donne au vagabondage une jeunesse et des forces que la société devrait utiliser.

Ce tableau est triste : il en est un plus navrant ; c'est celui de nos jeunes sourdes-muettes abandonnées.

Quelle n'est pas l'anxiété de leurs institutrices, leurs vraies mères dans l'ordre spirituel, quand sonne l'heure des dernières vacances, de la séparation définitive ! Quel n'est pas l'effroi du prêtre qui a si laborieusement disputé ces âmes à l'égoïsme, à l'ignorance, pour y faire éclore des vertus dont il voulait faire sa couronne! Comment ne mêlerait-il pas des larmes à ses adieux quand il sait tous les dangers de la séduction pour ces cœurs si naïfs, si confiants, si sensibles aux moindres témoignages d'affection? Seules pour se défendre contre les mille traits qui menacent leur innocence, seules aussi pour supporter les peines de la vie, les tentations de la pauvreté, les deuils de la famille! Désormais pour elles, c'est un froid silence, succédant sans transition à cet échange animé d'idées et de sentiments qui est la joie de nos pensionnaires et l'illusion, sinon l'oubli complet de leur cruelle infirmité.

La fondation d'un *asile-ouvroir* pour les sourdes-muettes de la région est donc une œuvre des plus utiles et des plus urgentes. Un grand nombre de ces jeunes filles nous supplient de les recevoir et de les *sauver*. Comment leur résister? La préservation s'impose ici comme une dette sacrée d'honneur et de religion. Certes, assurer la vie matérielle d'une sourde-muette, souvent orpheline, toujours isolée, en lui permettant de gagner honnêtement son pain, c'est déjà remplir un devoir d'humanité, mais lui conserver son auréole de pudeur, en la détournant des piéges où son inexpérience va se perdre, c'est bien mériter de l'Église, la meilleure et la plus vigilante des mères.

L'organisation de notre œuvre dépendra des ressources plus ou moins considérables que la Providence nous ménagera. Nous dirons seulement qu'il y a en France plus de trente-cinq mille sourds-muets. Trois mille environ participent à l'instruction des écoles nationales ou départementales, mille seulement, au plus, au bienfait d'un asile. C'est, on le voit, un peuple perdu au milieu d'un autre peuple, attendant de l'État ou des comités protecteurs, le pain par le travail, la régénération morale par la sympathie, la générosité et le bon exemple. Nous croyons que le catholicisme seul est assez fort pour résoudre ce grand problème humanitaire. Nous suivons donc l'inspiration de notre foi, en sollicitant pour la fondation d'un premier asile régional de Sourdes-Muettes, le concours, les offrandes et l'influence de tous.

Nous confions cette œuvre aux mères charitables. Dieu veuille éloigner de leurs enfants une infirmité qu'elles auront généreusement soulagée; nous la confions à nos vénérés confrères dont le zèle pour ces infortunés nous ravit parfois d'admiration, à toutes les communautés religieuses qui forment leurs élèves à la bienfaisance et leur en révèlent de bonne heure tout le prix, à toutes les associations de secours, à tous les journaux et à toutes les revues catholiques, à la presse entière, sans distinction de parti, car nous savons que ses nombreux organes, divisés sur des questions politiques, se comprennent et s'unissent toujours au foyer de l'assistance publique.

Nous supplions les autorités départementales et municipales de ne pas refuser leur haut patronage à une entreprise qui, nous l'espérons, le justifiera par ses services. L'accueil si bienveillant fait à nos premières ouvertures est déjà un encouragement et un titre sérieux à notre gratitude.

Nous plaçons en particulier notre œuvre sous la protec-

tion des honorables Membres de la Commission de surveillance de notre Institut. Leur sollicitude constante,
leurs efforts généreux, leur influence, expliquent sa sta-
bilité et notre confiance dans son prochain développement.

Ne pouvons-nous pas espérer sans présomption l'appui
de Nosseigneurs les Évêques des diocèses voisins? Déjà
nous avons l'honneur d'être leurs humbles coopérateurs
dans l'accomplissement d'une mission réparatrice, mais la
renommée de leur charité est la meilleure excuse de notre
appel respectueux. Nous leur montrons avec commiséra-
tion ces pauvres jeunes filles, presque vaincues par la tris-
tesse de leur isolement, et nous leur disons :

« Pères bien-aimés, en ouvrant à ces enfants les portes
d'un asile, vous leur ouvrez en même temps les portes du
ciel. »

C'est surtout du premier Pasteur de ce grand diocèse
de Toulouse que cette œuvre nouvelle attend son impul-
sion et sa vie. Nos chers Sourds-Muets savent depuis longtemps qu'ils ont une place dans son cœur ouvert à toutes
les infortunes. En approuvant ce projet, Sa Grandeur leur
prouvera une fois encore que la main qui les bénit est
aussi la main qui les protége.

*
* *

Persuadés que de hautes approbations ne nous feront
pas défaut, nous déclarons ouverte la souscription pour
la fondation d'un Asile régional de Sourdes-Muettes. Nous
nous inscrivons personnellement sur la première liste pour
1,000 fr. chacun.

Cette somme s'ajoutant au legs de M. Beaumont (10,000ᶠ) élève déjà nos premières ressources à un chiffre de 12,000ᶠ Nous aurons soin de faire connaître à nos souscripteurs la marche progressive de cette Œuvre naissante.

L'offrande de 500 ou de 1,000 francs, divisée en deux ou trois annuités, donnera droit au titre de *Fondateur* de notre Asile.

Celle de 300 francs, également divisée en deux ou trois annuités, au titre de *Patron*; celle de 100 francs et même de 50 francs au titre de *Bienfaiteur*. L'attestation du titre respectif sera délivrée à chacun des souscripteurs.

Les personnes charitables, mais peu aisées, nous permettront de leur conseiller l'offrande *collective*. Les membres d'une famille, en réunissant leur modeste cotisation, obtiendront, sans un trop grand sacrifice, le titre de *Bienfaiteur*. Ce titre aura son prix, car outre qu'il apportera dans la plus humble maison l'honneur et la preuve d'un bel exemple de bienfaisance, il se gravera dans le cœur si reconnaissant de nos Sourdes-Muettes, et se retrouvera plus tard dans le *Livre de vie !...*

Les Directeurs de l'Institution des Sourds-Muets de Toulouse.

E. RUFFAT.   L. DUHAGON.

Toulouse, le 8 février 1876.

Nota. — Les souscriptions ou offrandes seront adressées à M. l'abbé DUHAGON, Directeur (résidant) de l'Institution des Sourds-Muets, rue des Trente-Six-Ponts, à Toulouse, — ou à M. le chanoine RUFFAT, rue Tolosane, 7.

Extrait du procès-verbal de la Séance de la Commission de Surveillance de l'Institution des Sourds-Muets de Toulouse.

11 février 1876.

. . . .

La parole est donnée à M. l'abbé Ruffat pour exposer le but de la réunion. M. l'abbé Duhagon est prié ensuite de donner lecture d'un Rapport préparé par MM. les Directeurs pour appeler l'attention de la Commission de surveillance sur un projet de fondation d'Institution régionale, asile destiné aux Sourdes-Muettes devenues adultes.

Ce Rapport a été accueilli avec le plus vif intérêt.

Après un échange d'idées qui témoignaient de la part de la Commission de l'importance qu'elle attachait à cette communication, ce projet inspiré par le zèle et la charité, et confié à la prudence et à l'intelligence de MM. les Directeurs, a reçu les encouragements les plus sympathiques de la Commission de surveillance.

Les Membres de la Commission de surveillance :

MM. Cazaux O ✽, Membre du conseil général de la Haute-Garonne, Président de la Commission de surveillance ;

Borel, agent de change, administrateur des hospices.

Lassalle, ancien conseiller municipal, Vice-Président de la Commission de surveillance ;

Comte de Roquette-Buisson, administrateur des hospices ;

Doumeng ✽, avocat, ancien adjoint au Maire de Toulouse ;

Sacaze ✠, Président honoraire à la Cour d'appel
de Toulouse, Président du Conseil général de la
Haute-Garonne, Sénateur ;

Tourné ✠, Président à la Cour d'appel de Toulouse,
ancien Membre du Conseil général du Gers.

Niel, ancien Magistrat, Membre du Conseil général
de la Haute-Garonne ;

Auzies, Conseiller à la Cour d'appel de Toulouse,
Membre du Conseil général de l'Ariége ;

Serville, Vice-Président du Conseil de préfecture de
la Haute-Garonne, secrétaire de la Commission
de surveillance.

Pour extrait conforme :

Le secrétaire de la Commission,

Serville.

APPROBATION DE Mgr L'ARCHEVÊQUE DE TOULOUSE

Toulouse, le 17 février 1876.

Messieurs les Directeurs,

*Votre projet d'ouvrir aux Sourdes-Muettes un Asile régional
est trop utile au bien des âmes pour que je ne m'empresse pas
d'adresser mes félicitations, à vous d'abord qui l'avez conçu, et
ensuite à la Commission qui l'a adopté par un suffrage unanime.*

*Je prie Dieu de lui donner tout l'accroissement que vous et
moi pouvons désirer.*

*Recevez, Messieurs les Directeurs, l'assurance de mon pater-
nel dévouement.*

✝ FLORIAN, *archevêque de Toulouse.*

APPROBATION DE Mgr L'ÉVÊQUE DE PAMIERS

Pamiers, le 26 février 1876.

Messieurs les Directeurs et Amis,

Je viens de prendre connaissance de votre intéressant mémoire sur un projet de fondation, à Toulouse, d'un Asile régional de Sourdes-Muettes adultes. C'est là une idée on ne peut plus heureuse pour le bien matériel et moral d'une classe d'infortunées, que leur âge et leur infirmité exposent à de redoutables dangers et à de grands malheurs. Je ne suis donc pas surpris de l'accueil que le projet et son exposé ont trouvé auprès des membres si distingués qui composent la Commission de surveillance de votre œuvre.

Le même accueil leur est réservé, j'aime à le croire, auprès des personnes dont vous réclamerez l'intelligent et charitable concours.

Vous pouvez me compter dès ce moment au nombre des souscripteurs-fondateurs de l'asile, auquel je souhaite de plein cœur prospérité croissante pour première récompense de votre zèle.

Recevez, messieurs les directeurs et amis, l'expression de mon religieux et sympathique dévouement.

† AUGUSTE, *évêque de Pamiers.*

Toulouse. Édouard Privat. imprimeur de l'Archevêché. rue Tripière, 9. — 112